Snežana Stefanović

Serbisch: Vokabeltrainer A1 zum Buch „Idemo dalje 1" lateinische Schrift

2. Ausgabe

Wörter und Sätze mit deutscher Übersetzung

Sprachstufe A1 – Anfänger

Impressum

https://www.serbisch-lernen.com

ISBN: 978-3757953447

Herstellung und Druck über tolino media GmbH & Co. KG,
Albrechtstr. 14, 80636 München. Printed in Germany.
Fragen zu Produktsicherheit an: gpsr@tolino.media.

SADRŽAJ – INHALT

VORWORT

Das Konzept des Werkes „Serbisch: Vokabeltrainer A1 zum Buch „Idemo dalje 1“ (Sprachstufe A1 – Anfänger) wurde als Ergänzung zum Lesebuch „Serbisch: Idemo dalje 1“ entwickelt. Der Vokabeltrainer beinhaltet alphabetisch geordnete Wörter, Begriffe und Ausdrücke, die auch im Lesebuch zu finden sind, und zu jedem Wort gibt es einen oder mehrere Sätze als Beispiel. Die Sätze dienen dazu, sich das Wort in einem Kontext leichter zu merken. Alle Wörter und Sätze sind in lateinischer Schrift geschrieben und zu allen Wörtern und Sätzen ist eine Übersetzung ins Deutsche vorhanden.

Der Vokabeltrainer kann auch unabhängig vom Rest des begleitenden Materials genutzt werden, als eigenständige Lektüre oder als Nachschlagewerk beim Serbisch Lernen.

Von der Grammatik her sind die Sätze im Präsens geschrieben und die Themen sind für die Sprachstufe A1 Anfänger gemäß GERS (Gemeinsamer europäischer Referenzrahmen für Sprachen) angepasst.

Die gleiche Version des Buches ist auch in kyrillischer Schrift optional erhältlich. Für weitere Informationen über dieses und andere Bücher der Serie „Serbisch-lernen“ finden Sie im Internet unter der Adresse: www.serbisch-lernen.com

Wörter und Sätze in lateinischer Schrift mit deutscher Übersetzung

Abkürzungen:

abw. – abwertend
Akk. – Akkusativ
Dat. – Dativ
dial. – Dialekt
f – Feminin
Gen. – Genitv
inf. – Infinitiv
Lok. – Lokativ
m – Maskulin
n – Neutrum
N – Nominativ
Pl. – Plural
PPA – Past Partizip Aktiv
Sg. – Singular
umgs. – umgangssprachlich
voll. – vollendeter Verbaspekt

A

a – aber; und

„a“ ist ein entgegengestelltes „und“ bzw. steht für „und aber“

Sofija želi da jede supu i glavno jelo, a Marko samo supu. – Sofija will eine Suppe und das Hauptgericht essen, Marko aber nur die Suppe.

Marija je dobro, a Marko nije. – Marija geht es gut, aber Marko geht es nicht gut.

ajvar – Aufstrich (auch als Beilage) aus Paprika und Melanzani

Ja volim ajvar. A ti? – Ich mag „ajvar". Und du?

album fotografija – Fotoalbum

Ovo je moj stari album fotografija. – Das ist mein altes Fotoalbum.

alergija – Allergie

Mislim da imam alergiju, stalno kišem. – Ich glaube, ich habe eine Allergie, ich niese die ganze Zeit.

ali – aber

Ali zašto? – Aber warum?

alternativa – Alternative

Imamo li neku drugu alternativu? – Haben wir eine andere Alternative?

američki – amerikanisch

Voliš li američke filmove? – Magst du amerikanische Filme?

apoteka – Apotheke

Idem u apoteku. – Ich gehe zur Apotheke.

autobuska stanica – Busstation, Bushaltestelle

Gde je ovde autobuska stanica? – Wo ist hier die Bushaltestelle?

autom – mit dem Auto

Dolazimo autom. – Wir kommen mit dem Auto.

B

baba – Oma

Gde živi tvoja baba? – Wo lebt deine Oma?

bar – wenigstens

Odmori se bar pet minuta! – Ruh dich wenigstens 5 Minuten aus!

baš – (*Betonungwort*) ja, eben, aber, ausgerechnet, doch

Ovo dete je baš smešno! – Das Kind ist ja lustig!

baviti se, ja se bavim – sich befassen, sich beschäftigen; **baviti se sportom** – Sport betreiben

Kojim sportom se baviš? – Welche Sportart betreibst du ?

beli, bela, belo (m/f/n) – weiß

Moja košulja nije bela nego siva. – Mein Hemd ist nicht weiß, sondern grau.

bez (+ *Gen.*) – ohne

Ne mogu da idem bez tašne! – Ich kann nicht ohne Tasche ausgehen!

biber – Pfeffer

Gde je biber? – Wo ist der Pfeffer?

biti (ja sam) – sein (ich bin)

bivši, bivša, bivše (m/f/n) – ehemalig

Ovo je moj bivši kvart. – Das ist mein ehemaliges Stadtviertel.

blizini → u blizini – in der Nähe

U blizini je dobar kafić. – In der Nähe befindet sich ein gutes Café.

blizu – nah

Moja kuća je blizu bolnice. – Mein Haus liegt nah am Spital.

boca – Flasche

Ali boca je prazna! – Aber die Flasche ist leer!

boksati, ja boksam – boxen

Moj brat boksa već dve godine. – Mein Bruder betreibt Boxen seit 2 Jahren.

bolestan, bolesna, bolesno (m/f/n) – krank

Ko je bolestan? – Wer ist krank?

Marija je bolesna. – Marija ist krank.

bolje – besser

Sad mi je bolje. – Jetzt geht es mir besser. (mi = wir; mir)

brat – Bruder

Ja nemam brata. – Ich habe keinen Bruder.

bratić – Cousin

Moj bratić se zove Nemanja. – Mein Cousin heißt Nemanja.

briga – Sorge

Bez brige! – Keine Sorge!

brzina – Schnelligkeit; **na brzinu** – schnell, kurz, auf die Schnelle

Možemo da popijemo kafu na brzinu pa idemo. – Wir können den Kaffee schnell austrinken und dann gehen wir.

brzo – schnell

Zašto trčiš tako brzo? – Warum läufst du so schnell?

buditi se, ja se budim – aufwachen

Kada se obično budiš? – Wann wachst du für gewöhnlich auf?

C

centar – Zentrum

Gde je centar grada? – Wo ist das Stadtzentrum?

ceo dan – der ganze Tag; den ganzen Tag

Sutra radim ceo dan. – Morgen arbeite ich den ganzen Tag.

cipela – Schuh

Gde su moje cipele? – Wo sind meine Schuhe?

crni, crna, crno (m/f/n) – schwarz

Volim crnu kafu bez šećera. – Ich mag schwarzen Kaffee ohne Zucker.

crtati, ja crtam – zeichnen

Šta crtaš? – Was zeichnest du?

Č

čaj (pl. **čajevi**) – Tee

Voliš li čaj od kamilice? – Magst du Kamillentee?

čekanje – Warten

Ovo čekanje je predugo! – Das Warten dauert zu lange!

čekati, ja čekam – warten

Kako dugo moramo da čekamo? – Wie lange sollen wir warten?

Čestitam! – Ich gratuliere!

često – oft

Ja ne idem često u operu. – Ich gehe nicht oft in die Oper.

čokolada – Schokolade

Ne, ja ne jedem čokoladu. – Nein, ich esse keine Schokolade.

Ć

Ćao! – Tschüß!; Hallo!

ćerka – Tochter

Moja ćerka se zove Gordana. – Meine Tochter heißt Gordana.

ćevapi (pl.) (auch: *ćevpčići)* – Hackfleischröllchen

Idemo na ćevape/ćevapćiće? – Gehen wir ćevapi/ćevapčići essen?

D

da – ja; dass

Da, želim da Nemanja isto ide s nama. – Ja, ich möchte, dass Nemanja auch mit uns mitgeht.

dakle – also

Šta to dakle znači? – Also, was heißt das?

daleko – weit weg

Bioskop nije daleko. – Das Kino ist nicht weit weg.

dan – Tag

Koji je dan danas? – Welcher Tag ist heute?

danas – heute

Danas je divan dan. – Heute ist ein wunderschöner Tag.

Deco! (*Vok.*) – Kinder!

deda (*umgs.*) – Opa

Je li tvoj deda živ? – Lebt dein Opa noch?

desert – Dessert

Za desert želim tortu. – Zum Dessert will ich die Torte.

desno – rechts

Desno je toalet, a levo je izlaz. – Rechts ist WC, und links der Ausgang.

devojka – Freundin (*Liebesbeziehung*); junge Frau

Nemanja nema više devojku. – Nemanja hat keine Freundin mehr.

Moja sestra je veoma lepa devojka. – Meine Schwester ist eine sehr schöne junge Frau.

dijeta – Diät

Ne, nisam više na dijeti. – Nein, ich bin nicht mehr auf Diät.

divan, divna, divno (m/f/n) – wunderschön

Ova slika je divna. – Dieses Bild ist wunderschön.

do – bis; **do kasno** – bis spät

Imam sastanak do pet. – Ich habe das Meeting bis 5.

Sutra radim do kasno. – Morgen arbeite ich bis spät.

Dobar dan! – Guten Tag!

dobro – gut

dođe – er kommt; inf. **doći, ja dođem** (*voll.*) – kommen

Ja ne mogu da dođem na rođendan. – Ich kann zur

Geburtstagsfeier nicht kommen.

dogovor – Abmachung

Imam dogovor s Marijom u vezi učenja. – Ich habe eine Abmachung mit Marija wegen des Lernens.

Dogovoreno! – Abgemacht!

dolaziti, ja dolazim – kommen

Ja dolazim iz Srbije. – Ich komme aus Serbien.

domaća kuhinja – Hausmannskost

Ja najviše volim domaću kuhinju. – Ich mag am liebsten Hausmannskost.

donositi, ja donosim – bringen

Donosim dobre vesti! – Ich bringe gute Neugkeiten!

doručak – Frühstück

Kada je doručak? – Wann ist das Frühstück?

doručkovati, ja doručkujem – frühstücken

Ja obično ne doručkujem. – Ich frühstücke normalerweise nicht.

Doviđenja! – Aufwiedersehen!

Drago mi je. – Es freut mich.

drugačiji, drugačija (m/f) – anders, von anderer Sorte

Moj brat je drugačiji od mene. – Mein Bruder ist anders als ich.

drugi put – ein zweites Mal, ein anderes Mal, nächstes Mal

Drugi put idemo na kafu, zar ne? – Nächstes Mal gehen wir auf einen Kaffee, nicht wahr?

dug, duga, dugo (m/f/n) – lang

Kako imaš dugu kosu! – Wie lang deine Haare sind!

dugo – lange

Već se dugo vozimo. – Wir fahren schon lange.

Đ

đus – Orangensaft

Molim kafu i đus! – Ich trinke einen Kaffee und einen Orangensaft!

E

ekonomija – Wirtschaft

Oni imaju stabilnu ekonomiju. – Sie haben eine stabile Wirtschaft.

evropski – europäisch

Ne gledam evropsku odbojku. – Ich verfolge den europäischen Handball nicht.

F

farmaceut – Pharmazeut

Moj komšija je farmaceut. – Mein Nachbar ist Pharmazeut.

fino – fein

Kolač je fin. – Der Kuchen ist fein.

fotografisanje – Fotographieren

Njegov hobi je fotografisanje. – Sein Hobby ist Fotografieren.

fotografisati, ja fotografišem – fotographieren

Ne želim da se fotografišem. – Ich möchte mich nicht fotografieren lassen.

frizura – Frisur

Imaš novu frizuru? – Hast du eine neue Frisur?

fudbal – Fußball

Ja volim fudbal. A ti? – Ich mag Fußbal. Und du?

G

ga – ihn

Ne vidim ga. – Ich sehe ihn nicht.

gazirana voda – Mineralwasser mit Kohlensäure

Molim gaziranu vodu. – Ich möchte Mineralwasser mit Kohlensäure.

gde – wo

gibanica – Käsestrudel

Ne, ne znam šta je „gibanica“. – Nein, ich weiß nicht, was „gibanica“ ist.

gladan, gladna, gladno (m/f/n) – hungrig

Sonja, jesi gladna? – Sonja, bist du hungrig?

godišnjica braka – Hochzeitstag

Moji roditelji slave godišnjicu braka u subotu. – Meine Eltern feiern ihren Hochzeitstag am Samstag.

gojazan, gojazna, gojazno (m/f/n) – fett, dick

Ne, ti nisi gojazan. – Nein, du bist nicht fett.

gorak, gorka, gorko (m/f/n) – bitter

Salata je gorka. – Der Salat ist bitter.

gospodin Ilić – Herr Ilić

gospođa Marojević – Frau Marojević; *Vokativ*: **Gospođo Marojević!**

gost – Gast

Naš gost govori srpski veoma dobro. – Unser Gast spricht Serbisch sehr gut.

gotov – fertig

Gotovo? – Fertig?

gotov, gotova, gotovo (m/f/n) – fertig

Vesna još nije gotova sa supom. – Vesna ist mit der Suppe noch nicht fertig.

govoriti, ja govorim – sprechen

Još ne mogu brzo da govorim srpski. – Ich kann Serbisch noch nicht schnell sprechen.

građevinski tehničar – Bautechniker

Firma „Mostogradnja" traži građevinskog tehničara. – Die Firma „Mostogradnja" sucht einen Bautechniker.

grašak – Erbsen

Ja volim da jedem grašak. – Ich esse Erbsen gern.

Grčka – Griechenland

Moja koleginica dolazi iz Grčke. – Meine Kollegin kommt aus Griechenland.

gust – dickflüssig

Ja ne volim guste supe. – Ich esse nicht gern dickflüssige Suppen.

H

haljina – Kleid

Imaš novu haljinu? – Hast du ein neues Kleid?

himalajska so – Himalayasalz

Gde ima da se kupi himalajska so? – Wo kann man den Himalayasalz kaufen?

hobi (pl. **hobiji**) – Hobby

Koji je tvoj hobi? – Was für ein Hobby hast du?

hoćeš? – willst du?; inf. **hteti, ja hoću** – wollen

Hoćemo u nedelju na bazen? – Wollen wir am Sonntag schwimmen gehen?

hvala lepa – Danke schön; **hvala vam** – Ich danke Ihnen

I

i – und; auch

1. „i" wird in Aufzählungen verwendet und bedeutet „und":

   Vanja i Marko su studenti. – Vanja und Marko sind Studenten.

   Jabuke i kruške su voće. – Äpfel und Birnen sind Obst.

2. Wenn „i" nicht zwischen zwei Nomen steht und daher keine

Aufzählung aufweist, hat es die Bedeutung „auch, ebenfalls“ und bezieht sich aufs darauffolgende Wort:

I Tijana je učiteljica. – Auch Tijana ist Lehrerin.

Želim da jedem za ručak i puding. – Ich will auch einen Pudding zu Mittag essen.

Ide. – Es geht.

ideja – Idee

Imaš bolju ideju? – Hast du eine bessere Idee?

Idite! – Gehen Sie!; Geht!

idući put – nächstes Mal

Idući put se vidimo kod mene. – Nächstes Mal sehen wir uns bei mir.

igrati se, ja se igram – spielen

Ja želim da se igram. – Ich möchte spielen.

Ja želim da igram šah. – Ich möchte Schach spielen. (wird das Objekt ausgedrückt, wird „se“ ausgelassen)

ili – ili = entweder – oder

Idemo ili u operu ili u bioskop. – Wir gehen entweder in die Oper oder ins Kino.

ima – es gibt

Šta ima za ručak? – Was gibt es zum Mittagessen?

imati, ja imam – haben; **ima** – es gibt

Ja imam ispit u utorak. – Ich habe die Prüfung am Dienstag.

Šta ima novog? – Was gibt es Neues?; Nema ništa novog. – Es gibt nichts Neues.

ime – Name

Koje je njegovo ime? – Wie ist sein Name?

imendan – Namenstag

Ja ne slavim imendan. – Ich feiere den Namenstag nicht.

inače – sonst

Kako je inače? – Wie geht es dir sonst?

indijski čaj – indischer Tee

Ne pijem indijski čaj. – Ich trinke keinen indischen Tee.

interesantno – interessant

To je veoma interesntno. – Das ist sehr interessant.

inzistirati, ja inzistiram – insistieren

Ja inzistiram na tome. – Ich insistiere darauf.

ionako – so wie so

Ne idem sada nikuda, ionako je prekasno za izlazak. – Ich gehe nirgendwohin, es ist so wie so zu spät.

Irska – Irland

On živi u Irskoj. – Er lebt in Irland.

ispit – Prüfung

Kada imaš ispit? – Wann hast du die Prüfung?

isti, ista, isto (m/f/n) – gleich

Ona ima istu bluzu kao Dijana. – Sie hat die gleiche Bluse wie Dijana.

istina – Wahrheit

To je istina. – Das ist wahr/die Wahrheit.

isto – auch, ebenfalls, gleich, das Gleiche

Ja želim isto kao i on. – Ich möchte das Gleiche wie er.

isto tako – genauso

Tvoja kuća je isto tako lepa kao njegova. – Dein Haus ist genauso schön wie seins.

Italija – Italien

Ona živi u Italiji. – Sie lebt in Italien.

italijanski, italijanska (m/f) – italienisch

Volim italijansku modu. A ti? – Ich mag italienische Mode. Und du?

iz – aus; von

On dolazi iz Berlina. – Er kommt aus Berlin.

izgledati, ja izgledam – aussehen

Izgledaš super. – Du siehst super aus.

izgubljen, izgubljena, izgubljeno (m/f/n) – verloren

Ah, tu je moj izgubljen ključ. – Ach, da ist mein verlorener Schlüssel.

izlazak – Ausgang

Maja ima izlazak do devet. – Maja soll bis 9 zu Hause sein.

izlaziti, ja izlazim – ausgehen

Kuda izlazimo u subotu? – Wohin gehen wir am Samstag aus?

izuzetno – außergewöhnlich

On izuzetno dobro igra fudbal. – Er spielt Fußball außergewöhnlich gut.

Izvinite! – Verzeihen Sie!

izvrsno – ausgezeichnet

To je jednostavno ali izvrsno! – Das ist einfach aber ausgezeichnet!

J

jagoda – Erdbeere

Jedeš jagode? – Isst du Erbeeren?

jaje – Ei

Ja ne jedem jaja, ja sam vegan. – Ich esse keine Eier, ich esse vegan.

jagnjetina – Lammfleisch

Moja mama pravi jagnjetinu u nedelju. – Meine Mama bereitet Lammfleisch am Sonntag vor.

jedan, jedna, jedno (m/f/n) – ein

Molim samo jedan hleb, ne dva. – Ich möchte nur ein Brot, nicht zwei.

jedinica – Einzelkind (*weiblich*)

Ljiljana je naša jedinica. – Ljiljana ist unser Einzelkind.

jedino – nur, einzig

Sve je super, jedino nemamo kašiku. – Alles ist super, nur der Löffel fehlt.

jedno po jedno – eins nach dem anderen

Ne sve odjednom nego jedno po jedno. – Nicht alles auf einmal, sondern eins nach dem anderen.

jednostavno – einfach

To je jednostavno tako. – Das ist einfach so.

jelo – Gericht

Jela ovde su odlična. – Die Gerichte hier sind ausgezeichnet.

jelovnik – Speisekarte

Imate jelovnik? – Haben Sie die Speisekarte?

jezik – Sprache

Misliš da je srpski jezik komplikovan? – Glaubst du, dass serbische Sprache kompliziert ist?

joj – ihr

Reci joj da kasnim. – Sag ihr, dass ich mich verspäte.

još – noch

Šta još? – Was noch?

K

kad = **kada** – wenn

Kada se vidimo? – Wann sehen wir uns?

kafa – Kaffee

Volim jaku kafu. – Ich trinke normalerweise starken Kaffee.

kafić – Café: **u kafiću** – im Café

Poznaješ li dobar kafić? – Kennst du ein gutes Café?

kajmak – Rahm (*serbische Spezialität*)

Moram probati kajmak. – Ich muss „kajmak" probieren.

Šta se jede s kajmakom? – Was isst man mit „kajmak"?

kajsija – Marille

Ja volim kajsije. – Ich esse gern Marillen.

kakav, kakva, kakvo (m/f/n) – was für, wie (*Eigenschaft*)

Kakva je kafa ovde? – Wie ist der Kaffee hier?

kamilica – Kamille; **čaj od kamilice** – Kamillentee

Ja želim samo čaj od kamilice. – Ich möchte nur einen Kamillentee.

kao – wie (*vergleichend*)

On se smeje kao malo dete. – Er lacht wie ein Kleinkind.

„**Karađorđeva šnicla**“ (*umgs.*) = „**Karađorđev odrezak**“ (*Standard*) = Schnitzel nach Karadjordjes Art (mit Rahm gefüllt)

Moram da probam Karađorđevu šniclu. – Ich muss „Karađorđeva šnicla“ kosten.

karakter – Charakter

On ima veoma ugodan karakter. – Sein Charakter ist sehr angenehm.

karate – Karate

Ja se bavim karateom već godinama. – Ich trainiere Karate seit Jahren.

karta grada – Stadtplan

Treba da kupimo kartu grada. – Wir sollen den Stadtplan kaufen.

kasno – spät

Već je kasno. – Es ist schon spät.

kaže – er/sie/es sagt; inf. **kazati, ja kažem** – sagen

On ne kaže ništa. – Er sagt nichts.

kaže se – man sagt

Kako se kaže „Geburtstag“ na srpskom? – Wie sagt man „Geburtstag“ auf Serbisch?

kineska kuhinja – chinesische Küche

Ja volim kinesku kuhinju. – Ich esse gern chinesisch.

kiša – Regen

Pada kiša. – Es regnet.

knjiga – Buch

Odlična knjiga! – Ein ausgezeichnetes Buch!

kod (+ Gen.) – bei, zu; **kod njih** – bei ihnen; zu ihnen

Možemo da sednemo kod prozora. – Wir können uns neben dem Fenster setzen.

kod kuće – zu Hause

Gde si? – Kod kuće. = Wo bist du? – Zu Hause.

koga – wen

Koga gledaš tako pozorno? – Wen schaust du so aufmerksam an?

koji, koja, koje – welcher, welche, welches

Koji sto je naš? – Welcher Tisch ist unser?

kolač – Kuchen

Ja mnogo volim da jedem kolače. – Ich esse gerne Kuchen.

koliko – wie viel

Koliko imaš godina? – Wie alt bist du?

Koliko je sati? = Koliko je časova? – Wie spät ist es?

komplikovan, komplikovana, komplikovano (m/f/n) – kompliziert

To nije komplikovano. – Das ist nicht kompliziert.

kompliment – Kompliment

Hvala za kompliment. – Danke fürs Kompliment.

komšija – Nachbar

Moj komšija je ugodan. – Mein Nachbar ist angenehm.

konobar – Kellner; *Vokativ*: Konobare!

konobarica – Kellnerin

Konobarica je mlada. – Die Kellnerin ist jung.

košarka = **basket** (*umgs.*) – Basketball

Moj sin igra košarku. – Mein Sohn spielt Basketball.

krompir – Kartoffel, Erdäpfel

Volim da jedem krompir. – Ich esse Kartoffel gern.

krompir pire – Kartoffelpüree

Danas imamo za ručak krompir pire. – Heute haben wir zum Mittag Kartoffelpüree.

kući – nach Hause

Idemo kući. – Wir gehen nach Hause.

kuda – wohin

Kuda idemo? – Wo gehen wir hin?

kuhinja – Küche

Imate lepu kuhinju! – Sie haben eine schöne Küche!

kupiti, ja kupim (*voll.*) – kaufen

Ne moraš ništa da kupiš ako ne želiš. – Du brauchst nichts zu kaufen, wenn du es nicht willst.

kupovati, ja kupujem – kaufen, einkaufen

Sada kupujem. – Jetzt kaufe ich ein.

kuvar – Koch

Je li on kuvar po zanimanju? – Ist er Koch von Beruf?

kuvati, ja kuvam – kochen

Ja ne kuvam svaki dan. – Ich koche nicht jeden Tag.

L

lažeš – du lügst; inf. **lagati, ja lažem** – lügen

Misliš da on laže? – Glaubst du, dass er lügt?

lekarka – Ärztin

Imam veoma dobru lekarku. – Ich habe eine sehr gute Ärztin.

lenčariti, ja lenčarim – faulenzen

Nedeljom lenčarim. – Sonntags faulenze ich.

lep, lepa, lepo (m/f/n) – schön

Kako lepo dete! – So ein schönes Kind!

levo – links

Trebate da skrenete levo! – Sie sollen links abbiegen!

lift – Lift; **u liftu** – im Lift, im Aufzug; **liftom** – mit dem Lift

Idemo liftom? – Fahren wir mit dem Lift?

lignja – Kalamari

Ne, ne jedem lignje. – Nein, ich esse keine Kalamari.

limun – Zitrone; **s limunom** – mit Zitrone

Ja želim čaj s limunom. – Ich möchte den Tee mit Zitrone.

lokal – Lokal

Ne, ne znam taj lokal. – Nein, ich kenne dieses Lokal nicht.

luk – Zwiebel

Ne volim luk u hrani. – Ich mag keinen Zwiebel im Essen.

Lj

ljubazno – nett

To je veoma ljubazno od vas. – Das ist sehr nett von Ihnen.

ljut, ljuta, ljuto (m/f/n) – scharf; böse, verärgert

Salata je ljuta. – Der Salat ist scharf.

Igor je ljut. – Igor ist verärgert.

M

mali, mala, malo (m/f/n) – klein

Bicikl je mali. – Das Fahrrad ist klein.

mama – Mama

Da, poznajem tvoju mamu. – Ja, ich kenne deine Mutter.

manje – weniger

To je mnogo manje. – Das ist viel weniger.

matematika – Mathematik

Ja volim matematiku. A ti? – Ich mag Mathematik. Und du?

me – mich

Vidiš me? – Siehst du mich?

med – Honig

Želim čaj s medom. – Ich möchte einen Tee mit Honig.

medicina – Medizin

Moj sin studira medicinu. – Mein Sohn studiert Medizin.

medicinska sestra – Krankenschwester

Ona je medicinska sestra po zanimanju. – Sie ist Krankenschwester von Beruf.

mene – mich (*Langform*)

On treba da dođe po mene. – Er soll mich abholen.

mesec – Monat; **mesec dana** – einen Monat lang

Ja obično provodim mesec dana kod babe. – Ich verbringe in der Regel einen Monat bei meiner Oma.

meso – Fleisch

Ja ne jedem meso. – Ich esse kein Fleisch.

mineralna voda – Mineralwasser

Mogu da dobijem mineralnu vodu? – Kann ich Mineralwasser bekommen?

misliti, ja mislim – denken

I ja tako mislim. – Ich bin auch der Meinung.

mleko – Milch

On ne pije mleko. – Er trinkt keine Milch.

mleveno meso – faschiertes Fleisch

Trebaš da kupiš mleveno meso. – Du sollst faschiertes Fleisch kaufen.

mnogo – viel

Mnogo ti hvala. – Danke dir vielmals.

moći, ja mogu – können

ti možeš, on/ona/on može; mi možemo, vi možete, oni/one/ona mogu

Možeš da kratko dođeš? – Kannst du kurz kommen?

molim vas – ich bitte Sie

Molim vas čašu vode! – Ich bitte Sie um ein Glas Wasser!

Molim! – Bitte!

morati, ja moram – müssen

Moram da idem. – Ich muss gehen.

morska so – Meeressalz

Morska so je bolja. – Meeressalz ist besser.

možda – vielleicht

Možda kasnije. – Vielleicht später.

može (*umg.*) – O.K., Passt, geht in Ordnung

Idemo na kafu? – Može. = Gehen wir auf einen Kaffee? – Geht in Ordnung.

N

na – auf, an

Ideš na kurs srpskog jezika? – Besuchst du den Serbisch Kurs?

Ja sam sada na pošti. – Ich bin jetzt am Postamt.

nadati se, ja se nadam – hoffen

Ja se nadam da je Maja gotova. – Ich hoffe, dass Maja fertig ist.

nadimak – Spitzname

Njegov nadimak je Bobi. – Sein Spitzname ist Bobi.

najlepši, najlepša, najlepše – der/die/ das schönste

To je stvarno najlepša kuća. – Das ist wirklich das schönste Haus.

najmanje – am wenigsten, wenigstens, das Wenigste

To je najmanje šta mogu da uradim. – Das ist das Wenigste was ist tun kann.

napolje – (*wohin*) aus, raus, auswärts; **napolju** – (*wo*) draußen

Idemo napolje da se šetamo. – Gehen wir raus zum Spazieren.

Leo je napolju s decom. – Leo ist draußen mit den Kindern.

napraviti, ja napravim (*voll.*) – machen; zubereiten

Danas želim da napravim kolač. – Ich will heute einen Kuchen zubereiten.

naravno – natürlich

Ja naravno dolazim. – Ich komme natürlich.

narezati, ja narežem (*voll.*) – schneiden; **narezati na sitno** – klein schneiden

Jabuke trebaš da narežeš na sitno. – Du sollst die Äpfel klein schneiden.

naručiti, ja naručim (*voll.*) – bestellen

Hoćemo da naručimo? – Wollen wir bestellen?

narudžba – Bestellung

To nije naša narudbža. – Das ist nicht unsere Bestellung.

naučiti, ja naučim (*voll.*) – (er)lernen

Moram li da naučim sve? – Muss ich alles (er)lernen?

naveče = uveče – am Abend

Naveče idemo na izložbu, zar ne? – Am Abend gehen wir zur Austellung, nicht wahr?

navika – Gewohnheit

To radim iz navike. – Das mache ich aus Gewohnheit.

nazvati, ja nazovem (*voll.*) – anrufen

Možeš da me nazoveš kasnije? – Kannst du mich später anrufen?

nažalost – leider

Nažalost ne mogu da dođem. – Leider kann ich nicht kommen.

nećak – Neffe

Njen nećak je još mali. – Ihr Neffe ist noch klein.

nedelja – Woche; Sonntag

Cela nedelja je bila puna stresa. – Die ganze Woche war streßig.

U nedelju idemo na izlet. – Am Sonntag machen wir einen Ausflug.

negazirana voda – Wasser ohne Kohlensäure, stilles Wasser

Ja pijem samo negaziranu vodu. – Ich trinke nur stilles Wasser.

nego – sondern; als (*vergleichend*)

On ne pije sok nego čaj. – Er trinkt keinen Saft, sondern Tee.

Bicikl je bolje nego auto. – Das Fahrrad ist besser als Auto.

nekoliko – einige

Nekoliko ljudi se smeju. – Ein paar Leute lachen.

nema – es gibt nicht

Danas nema ništa novog. – Heute gibt es nichts Neues.

nema na čemu – gern geschehen, nichts zu danken

Hvala. – Nema na čemu. = Danke. – Nichts zum Danken.

Nemačka – Deutschland

Putujem u Nemačku. – Ich fahre nach Deutschland.

Ja sam u Nemačkoj. – Ich bin in Deutschland.

nemački jezik – deutsche Sprache

Nemački jezik je veoma interesantan. – Deutsch ist sehr interessant.

nemati, ja nemam – nicht haben

Ja nemam rukavice. – Ich habe keine Handschuhe.

nepušač – Nichtraucher

Ko je ovde nepušač? – Wer ist hier Nichtraucher?

nešto – etwas

Hoću nešto da ti kažem. – Ich will dir etwas sagen.

nezdravo – ungesund

To je u svakom slučaju nezdravo. – Das ist auf jeden Fall ungesund.

ni – auch nicht

Ne želim kafu. Ali ni čaj. – Ich will keinen Kaffe. Auch keinen Tee.

nikad = **nikada** – niemals, nie; **nikad bolje** – niemals besser, nie besser

Ja nikada ne jedem kajsije. – Ich esse Marillen nie.

Kako si? – Nikad bolje. = Wie geht es dir? – Es ging mir nie besser.

niko – niemand

Niko ovde ne pije alkohol. – Niemand hier trinkt Alkohol.

ništa – nichts

Mi ne želimo ništa. – Wir wollen nichts.

no – (*Betonungswort*) na, ja; **no dobro** – na gut

No dobro, možemo da uzmemo i desert. – Na gut, wir können uns auch ein Dessert gönnen.

novi, nova, novo (m/f/n) – neu

To je moj novi komšija. – Das ist mein neuer Nachbar.

Nj

nje → kod nje – bei ihr

Ja slavim moj rođendan kod nje. – Ich feiere meinen Geburtstag bei ihr.

O

obavezno – unbedingt, auf jeden Fall

Moramo obavezno da se vidimo. – Wir müssen uns unbedingt sehen.

obdanište – Kindergarten

Moje dete ide u obdanište. – Mein Kind geht in den Kindergarten.

oblačno – bewölkt

Danas je oblačno. – Heute ist bewölkt.

obzir → ne dolazi u obzir – es kommt nicht infrage

Ja plaćam naše kafe. – Ne, ne dolazi u obzir. = Ich zahle unsere Kaffees. – Nein, kommt nicht infrage.

od – von (*Material*)

Želim sok od kruške. – Ich möchte einen Birnensaft.

odakle – woher

Odakle dolaziš? – Iz Amerike. – Woher kommst du? – Aus Amerika.

odličan, odlična, odlično (m/f/n) – ausgezeichnet

Vino je odlično. – Der Wein ist ausgezeichnet.

odluka – Entscheidung

To nije lagana odluka. – Das ist keine leichte Entscheidung.

odmah – sofort

Odmah dolazim! – Ich komme sofort!

odrastao – Erwachsener

On nije dete, on je odrastao. – Er ist kein Kind, er ist ein Erwachsener.

oko – gegen

Vidimo se oko deset. – Wir sehen uns gegen 10.

okus – Geschmack

Ah, kakav okus! – Ach, was für ein Geschmack!

omiljeno jelo – Leibgericht, Lieblingsspeise

Moje omiljeno jelo je supa. – Mein Leibgericht ist Suppe.

onda – dann

I onda? – Und dann?

opet – wieder

Kad pijemo kafu opet? – Wann trinken wir wieder Kaffee?

orman – Schrank

Moj orman je pun. – Mein Schrank ist voll.

osećati se, ja se osećam – sich fühlen

Ne osećam se dobro. – Ich fühle mich nicht wohl.

osim – außer

Trebam sve osim kaputa. – Ich brauche alles außer Mantel.

osim toga – außerdem

Ja želim osim toga i sok. – Ich möchte außerdem auch einen Saft.

ostati, ja ostanem (*voll.*) – bleiben

Možeš da ostaneš još malo? – Kannst du noch ein bisschen bleiben?

otvoriti, ja otvorim (*voll.*) – aufmachen, öffnen; eröffnen

Možeš da otvoriš vrata? – Kannst du die Tür aufmachen?

ovaj put – dieses Mal

Ovaj put idemo u pozorište, ali drugi put idemo u bioskop. – Dieses Mal gehen wir ins Theater, aber nächstes Mal gehen wir ins Kino.

ovde – hier

Kako je lepo ovde! – Wie schön ist es hier!

ozbiljno – ernsthaft

Ja to mislim ozbiljno! – Das ist mein Ernst!

ozdravljenje – Genesung

Želim ti brzo ozdravljenje! – Ich wünsche dir gute Besserung!

P

pa – (*Betonungswort*) ja, aber; dann

Pa to ne znam! – Das weiß ich aber nicht!

Idite levo pa desno pa levo. – Gehen Sie nach links, dann rechts, dann links.

padati, ja padam – fallen

Kiša pada. – Es regnet.

pametan, pametna, pametno (m/f/n) – gescheit, klug

Vera je pametno dete. – Vera ist ein kluges Kind.

paradajz (*umgs.*) – Tomate, Paradeiser

Koliko koštaju paradajzi? – Wie viel kosten Tomaten?

parmezan – Parmesan

Da, ja to jedem s parmezanom. – Ja, ich esse das mit Parmesan.

pasulj – Bohnen

Ovaj pasulj je ukusan. – Dieses Bohnengericht ist lecker.

pašteta – Pastete

Ne jedem paštetu. – Ich esse keine Pastete.

pauza – Pause

Idemo na pauzu? – Gehen wir in die Pause?

peče – sie bäckt; inf. **peći, ja pečem** – backen

ja pečem, ti pečeš, on/on/ono peče; mi pečemo, vi pečete,

oni/one/ona peku

Šta pečeš danas? – Was bäckst du heute?

penjati se, ja penjem – klettern

Kuda se on penje? – Wo klettert er hin?

pepeljara – Aschenbecher

Mogu da dobijem pepeljaru? – Kann ich einen Aschenbecher bekommen?

petak – Freitag; **u petak** – am Freitag

Vidimo se u petak? – Sehen wir uns am Freitag?

pica – Pizza

Danas imamo picu za ručak. – Heute haben wir Pizza zu Mittag.

pica tono – Pizza tonno (*mit Thunfisch*)

Ja želim pizu tono. – Ich bestelle eine Pizza tonno.

picerija – Pizzeria

Možemo da idemo u piceriju. – Wir können in die Pizzeria gehen.

piće – Getränk

Hoćemo na piće? – Wollen wir auf ein Getränk gehen?

pirinač – Reis; **s pirinčem** – mit Reis

Ja ne volim meso s pirinčem. – Ich mag kein Fleisch mit Gemüse.

piše – es steht

Šta piše u novinama? – Was steht in der Zeitung?

pitati, ja pitam – fragen

Želim nešto da te pitam. – Ich möchte dich etwas fragen.

piti, ja pijem – trinken

Šta pijemo? – Was trinken wir?

pivo – Bier

Molim dva piva. – Bitte zwei Bier.

plaćati, ja plaćam – zahlen

Ja sve plaćam. – Ich zahle alles.

plan (pl. planovi) – Plan

Kakav je tvoj plan za vikend? – Wie ist dein Plan fürs Wochenende?

planina – Berg

Ja volim planine. A ti? – Ich mag Berge. Und du?

planirati, ja planiram – planen

Ja volim da planiram. – Ich mag es zu planen.

platiti – zahlen

Ja želim da platim! – Ich will zahlen!

po → **doći po, ja dođem po** (*voll.*) – abholen

On treba da dođe po mene. – Er soll mich abholen.

po – über, in, durch

Ja volim da šetam po gradu. – Ich mag es durch die Stadt zu spazieren.

po zanimanju – von Beruf

Šta si po zanimanju? – Was bist du von Beruf?

počinjati, ja počinjem – beginnen

Kada počinjemo s kursem? – Wann beginnen wir mit dem

Kurs?

pogledati, ja pogledam (*voll.*) – anschauen, einen Blick werfen

Možeš kratko da pogledaš moj tekst? – Kannst du einen Blick auf meinen Text werfen?

pokazati, ja pokažem (*voll.*) – zeigen

Možeš da mi pokažeš svesku? – Kannst du mir dein Heft zeigen?

poklon – Geschenk

To je predivan poklon! – Das ist ein wunderschönes Geschenk!

pokušavati, ja pokušavam – versuchen

Ja stalno pokušavam, ali ne ide. – Ich versuche ständig, aber es geht nicht.

pola – halb

Želim samo pola hleba. – Ich möchte nur ein halbes Brot haben.

polako – langsam

Ja volim polako da čitam. – Ich mag es langsam zu lesen.

policajac – Polizist

Znate li gde mogu da nađem policajca? – Wissen Sie, wo ich einen Polizisten finden kann?

pomoć – Hilfe

U pomoć! – Hilfe!

pomognem – ich helfe; inf. **pomoći, ja pomognem** (*voll.*) – helfen

Mogu da vam pomognem? – Kann ich Ihnen helfen?

ponekad – manchmal

Ja samo ponekad idem u bioskop. – Ich gehe nur manchmal

ins Kino.

ponuda – Angebot

To je dobra ponuda. – Das ist ein gutes Angebot.

porcija – Portion

To je prevelika porcija za mene. – Das ist eine zu große Portion für mich.

poreklom – von der Abstammung her

Njegov otac je poreklom iz Grčke. – Sein Vater stammt aus Griechenland.

porodica – Familie

Moja porodica nije velika. – Meine Familie ist nicht groß.

posao – Arbeit, Job

Idem na posao. – Ich gehe zur Arbeit.

Ja sam sada na poslu. – Ich bin jetzt in der Arbeit.

poseta – Besuch

Idemo u posetu. – Wir gehen zu Besuch.

posetiti, ja posetim (*voll.*) – besuchen

Ja želim da vas posetim u četvrtak. – Ich möchte euch/Sie am Donnerstag besuchen.

posle – nach; **posle toga** – nachher

Posle večere idemo u šetnju. – Nach dem Abendessen gehen wir spazieren.

Posle toga sve je lepše. – Nachher ist alles schöner.

poslepodne – Nachmittag; am Nachmittag

Vidimo se poslepodne. – Wir sehen uns am Nachmittag.

pošta – Post, Postamt

Idemo na poštu. – Wir gehen zur Post.

povrće – Gemüse

Povrće je ove godine veoma dobro. – Das Gemüse ist heuer sehr gut.

poznat, poznata, poznato (m/f/n) – berühmt, bekannt

Ona je poznata glumica. – Sie ist eine berühmte Schauspielerin.

poznavati se, ja se poznajem – sich kennen

Mi se poznajemo još iz školskih dana. – Wir kennen uns seit der Schulzeit.

praviti, ja pravim – machen; zubereiten

Šta praviš danas za ručak? – Was bereitest du heute zum Mittagessen zu?

pravo – gerade

Idi samo pravo! – Geh nur gerade aus!

predavanje – Vorlesung

Kada imaš predavanja? – Wann hast du Vorlesungen?

predivno – wunderbar

To je predivno! – Das ist wunderbar!

preporučivati, ja preporučujem – empfehlen

Ja ti preporučujem da uzmeš i desert. – Ich empfehle dir auch das Dessert zu nehmen.

prevodilac – Übersetzer

Njegov otac je prevodilac. – Sein Vater ist Übersetzer.

prezime – Familienname

Kako je tvoje prezime? – Wie ist dein Familienname?

pričati, ja pričam – reden

Ti malo pričaš, zar ne? – Du redest wenig, nicht wahr?

prilog – Beilage

Ne želim prilog uz meso. – Ich will keine Beilage zum Fleisch.

priroda – Natur

Ja volim prirodu. A ti? – Ich mag die Natur. Und du?

probati, ja probam – kosten

Moraš da probaš kolač! Odličan je! – Du musst den Kuchen kosten! Er ist ausgezeichnet!

problem – Problem

Nema problema. – Kein Problem.

prodavnica – Geschäft, Laden

Trebam da idem u prodavnicu. – Ich soll einkaufen gehen.

profesorka – Professorin

Tvoja profesorka je veoma zgodna. – Deine Professorin ist sehr hübsch.

prognoza vremena – Wetterprognose

Kakva je prognoza vremena za danas? – Wie ist die Wetterprognose für heute?

promeniti se, ja se promenim (*voll.*) – sich ändern

To može da se promeni, zar ne? – Das lässt sich ändern, nicht wahr?

pršut – luftgetrockenter Schinken

Ne jedem pršut. – Ich esse keinen Schinken.

prvo – vorerst, zuerst

Prvo da jedemo pa možemo dalje. – Zuerst essen wir und dann können wir weiter.

puding – Pudding; **puding od čokolade** – Schokopudding

Ja ne jedem puding od čokolade. – Ich esse keinen Schokopudding.

punjen, punjena (m/f) – gefüllt

Ne, ne znam recept za punjene paprike. – Nein, ich kenne nicht das Rezept für gefüllte Paprika.

pušenje – Rauchen

Ovde je pušenje zabranjeno. – Hier ist das Rauchen verboten.

pušiti, ja pušim – rauchen

Ovde niko ne puši. – Hier raucht niemand.

put – Weg; **ovaj put** – dieses Mal

Gde je put? – Wo ist der Weg?

Ovaj put ja plaćam kafu. – Dieses Mal zahle ich den Kaffee.

R

raditi, ja radim – arbeiten; machen

Gde radiš? – Wo arbeitest du?

Radim domaći zadatak. – Ich mache die Hausaufgabe.

rado – gerne

Hoćeš da mi pomogneš? – Rado. = Willst du mir helfen? – Gerne.

rano – früh

Ja ustajem rano ujutro. – Ich stehe früh auf.

razgovor – Gespräch

Kakav razgovor vodite? – Was für ein Gespräch führen Sie/ führt ihr?

razred – Klasse

U koji razred ide tvoj sin? – Welche Klasse besucht dein Sohn?

razumeti, ja razumem – verstehen

Ne razumem sve. – Ich verstehe nicht alles.

recept – Rezept

Možeš da mi daš recept? – Kannst du mir das Rezept geben?

Reci mi! – Sag mir!

Reci! – Sag!

Recite mi! – Sagen Sie mir!

redu → u redu – in Ordnung

restoran – Restaurant; **u restoranu** – im Restaurant

Idemo u restoran? – Gehen wir ins Restaurant?

rezervni plan – Reserveplan

Ne, nemam rezervni plan. – Nein, ich habe keinen Reserve plan.

riba – Fisch

Uz ribu ide dobro crno vino. – Zum Fisch passt der Rotwein gut.

roditelji – Eltern

Moji roditelji su veoma zabavni. – Meine Eltern sind sehr

amüsant.

rođendan – Geburtstag

Kada imaš rođendan? – Wann hast du Geburtstag?

rolat – Roulade

Rolat je veoma ukusan. – Die Roulade ist sehr lecker.

roštilj – Grill

Idemo na roštilj kod Vuka? – Gehen wir zum Grillen bei Vuk?

ručak – das Mittagessen

Za ručak imamo samo supu. – Zum Mittagessn haben wir nur eine Suppe.

ručati, ja ručam – mittagessen

Ne, danas ne ručam. – Nein, heute esse ich zu Mittag nicht.

ruka – Hand

Šta imaš u ruci? – Was hast du in der Hand?

runda – Runde

Ova runda je moja. – Diese Runde geht auf mich. (Getränke)

S

s = sa – mit

Idem s Markom u Novi Sad. – Ich fahre mit Marko nach Novi Sad.

Idem sa Suzanom u bioskop. – Ich gehe mit Suzana ins Kino.

sada = sad – jetzt

Sad ili nikad! – Jetzt oder nie!

salata – Salat

Želim zelenu salatu. – Ich möchte einen grünen Salat.

salveta – Serviette

Mogu da dobijem salvetu? – Kann ich eine Serviette bekommen?

sam, sama, samo (m/f/n) – allein; von selbst, selber

Ja sam sam kod kuće. – Ich bin allein zu Hause.

Ja sam pečem hleb. – Ich backe das Brot selber.

samo – nur; **samo malo** – einen Moment; nur ein bisschen, nur ein wenig

Trebam samo malo soli. – Ich brauche nur ein bisschen Salz.

Pričekaj samo malo! – Warte einen Moment!

sarma – Kohlroulade, Krautwickel

Danas jedemo sarmu. – Heute essen wir „Sarma" / Kohlroulade.

sat = **čas** – Uhr; **koliko je sati?** – wie spät ist es? = **koliko je časova?**

se – sich; man

Trebaš da se obriješ. – Du sollst dich rasieren.

Ovde se dobro jede. – Hier isst man gut.

sendvič – Sandwich

Hoćeš da kupiš sendviče? – Willst du Sandwiches kaufen?

sestra – Schwester

Hoćeš da me upoznaš s tvojom sestrom? – Willst du mich mit deiner Schwester bekannt machen?

sezona gripe – Grippewelle

Dolazi nažalost sezona gripe. – Leider kommt die Grippewelle.

siguran, sigurna, sigurno (m/f/n) – sicher

Dete je sigurno na putu do škole. – Das Kind ist sicher auf dem Schulweg.

sigurno – sicher, natürlich

Da, idemo u Beograd sigurno u utorak. – Ja, wir fahren nach Belgrad sicher am Dienstag.

simpatičan, simpatična, simpatično (m/f/n) – sympathisch

Lela je veoma simpatična. – Lela ist sehr sympathisch.

sin – Sohn

Ja imam sina. – Ich habe einen Sohn.

sitno → narezati na sitno – klein schneiden

Molim, povrće narezati na sitno. – Bitte, Gemüse klein schneiden.

sjajno – glänzend, wunderschön

Izgledaš sjajno. – Du siehst wunderschön.

skijanje – das Schifahren

Skijanje je veoma zdravo. – Das Schifahren ist sehr gesund.

skijašica – Schifahrerin

Tijana je odlična skijašica. – Tijana ist eine ausgezeichnete Schifahrerin.

skijati, ja skijam – Skifahren

Ja ne volim da skijam. – Ich mag Skifahren nicht.

skupo – teuer

Je li vino skupo? – Ist der Wein teuer?

sladak, slatka, slatko (m/f/n) – süß

Kako je vaše dete slatko! – Wie süß ist Ihr/euer Kind!

slan, slana, slano (m/f/n) – salzig

Da, sve je dovoljno slano. – Ja, alles ist salzig genug.

slaviti, ja slavim – feiern

Kada slavimo? – Wann feiern wir?

sledeći, sledeća, sledeće (m/f/n) – kommend, nächster/e/es

Sledeće nedelje počinje moj kurs. – Nächste Woche beginnt mein Kurs.

slično – ähnlich

To nije slično. – Das ist nicht ähnlich.

smeđ(i), smeđa, smeđe (m/f/n) – braun

Ona nosi uvek smeđe pantalone. – Sie trägt immer braune Hose.

smejati se, ja se smejem – lachen

Zašto se smeješ? – Warum lachst du?

smena – Schicht

Ja radim u smenama. – Ich arbeite in Schichten.

smeti, ja smem – dürfen

Smemo da uđemo? – Dürfen wir hinein?

smirivati se, ja se smirujem –sich beruhigen

Deca se smiruju lako. – Kinder beruhigen sich leicht.

smršati, ja smršam (*voll.*) – abnehmen (*Gewicht*)

Želim da smršam. – Ich will abnehmen.

so – Salz

Gde je so? – Wo ist Salz?

Trebam malo soli. – Ich brauche ein wenig Salz.

soba – Zimmer

Idemo u sobu. – Wir gehen ins Zimmer.

sok (pl. **sokovi**) – Saft

Želimo da naručimo sokove. – Wir möchten Säfte bestellen.

spanać – Spinat

Jedeš li spanać? – Isst du Spinat?

spavanje – Schlafen

Velika večera pre spavanja nije zdrava. – Ein großes Abendessen vor dem Schlafen ist nicht gesund.

spavati, ja spavam – schlafen

Ja ne spavam posle ručka. – Ich schlafe nicht nach dem Mittagessen.

specijalitet – Spezialität

Želim da probam srpske specijalitete. – Ich möchte serbische Spezialitäten kosten.

sportski – sportlich

On ima mala sportska kola. – Er hat ein kleines Sportauto.

srpski – Serbisch; serbisch

Učim srpski (jezik) već par meseci. – Ich lerne Serbisch seit ein paar Monaten.

To je srpski specijalitet. – Das ist eine serbische Spezialität.

stalno – stets, andauernd

Ne želim stalno da ustajem od stola. – Ich will nicht ständig vom Tisch aufstehen.

stane – er hält an; **stati, ja stanem** *(voll.)* – anhalten

Kako je? – Ide pa stane. = Wie geht's? – Es geht und dann steht es wieder.

stanica – Station; Haltestelle

Hoće li voz da stane na sledećoj stanici? – Wird der Zug bei der nächsten Haltstelle anhalten?

staviti, ja stavim *(voll.)* – geben, legen

Trebaš da staviš mleko u kolač. – Du sollst Milch in den Kuchen geben.

Tanjir možeš da staviš na stol. – Den Teller kannst du auf den Tisch legen.

stolni tenis – Tischtennis

Skoro svako zna da igra stolni tenis. – Beinahe jeder kann Tischtennis spielen.

stres – Streß

Ja nisam u stresu. – Ich bin nicht im Streß.

stric – Onkel (*väterlicherseits*)

Da, ja imam strica. – Ja, ich habe einen Onkel.

strina – Tante, Ehefrau von „stric“ (*Onkel väterlicherseits*)

Idem da posetim strinu. – Ich gehe die Tante besuchen.

strpljiv, strpljiva, strpljivo (m/f/n) – geduldig

Ja sam uvek strpljiv. – Ich bin immer geduldig.

studentkinja – Studentin

Mala Suzana je već studentkinja. – Die kleine Suzana ist schon Studentin.

subota – Samstag; **u subotu** – am Samstag

Ne možemo da se vidimo u subotu. – Wir können uns nicht am Samstag sehen.

sunčano – sonnig

Danas je opet sunčano. – Heute ist wieder sonnig.

supa – Suppe

Ja želim domaću supu. – Ich möchte eine hausgemachte Suppe.

svakako – allerdings, sicher, jedenfalls

Ja dolazim svakako! – Ich komme jedenfalls!

svaki dan – jeden Tag

Ja vežbam srpski svaki dan. – Ich übe Serbisch jeden Tag.

svakodnevica – Alltag

Moja svakodnevica je komplikovana, ali interesantna. – Mein Alltag ist kompliziert, aber interessant.

sve – alles

To je sve? – Das ist alles?

svet – Welt

Danas je svet mnogo lepši nego juče. – Heute ist die Welt viel schöner als gestern.

svi – alle

Idemo svi na piće posle kursa? – Gehen wir alle nach dem Kurs etwas trinken?

svinjetina – Schweinefleisch

Ja ne jedem svinjetinu. – Ich esse kein Schweinefleisch.

Š

šargarepa – Karotte

Ja volim sok od šargarepe. – Ich mag Karottensaft.

šetnja – Spaziergang, Spazieren

Idemo u šetnju? – Machen wir einen Spaziergang?

šipak – Hagebutten; **čaj od šipka** – Hagebuttentee

Želim čaj od šipka. – Ich möchte einen Hagebuttentee.

škola – Schule

Kada ideš u školu? – Wann gehst du in die Schule?

špagete – Spaghetti

Moja mama često kuva špagete. – Meine Mutter kocht Spagetti oft.

Španija – Spanien

Mi letujemo u Španiji. – Wir verbringen den Sommer in Spanien.

šta – was; **šta želite** – was wollt ihr

Možete da naručite šta želite. – Sie können bestellen, was Sie wollen. /Ihr könnt bestellen, was ihr wollt.

šteta – Schade

Ah, baš šteta ! – Ach, wie Schade!

T

tačno – richtig, genau

Tačno tako! – Ganz genau!

tako – so

Supa je tako dobra da mi moraš da daš recept. – Die Suppe ist so gut, dass du mir das Rezept geben musst.

tako – sodass

Idemo tako da ne smetamo Vanju kada uči. – Wir gehen, sodass wir Vanja beim Lernen nicht stören.

tako je – so ist es

takođe – auch, ebenfalls

Ja sam dobro takođe. – Mir geht es auch gut.

tamo – dort

Ključ je tamo, na stolu. – Der Schlüssel ist dort, auf dem Tisch.

tanjir – Teller

Mogu da dobijem novi tanjir? – Kann ich einen neuen Teller bekommen?

tata – Papa

Tata slavi rođendan u nedelju. – Der Papa feiert den Geburtstag am Sonntag.

te – dich

Volim te. – Ich liebe dich.

tebi – dir

Danas čestitamo samo tebi. – Heute grautulieren wir nur dir.

tek – erst

To možemo tek posle da vidimo. – Das können wir erst mal später sehen.

telefonski razgovor – Telefongespräch

Možemo posle da nastavimo naš telefonski razgovor. – Wir können später unser Telefongespräch fortsetzen.

televizija – TV; **gledati televiziju** – fernsehen

Kada želiš da gledaš televiziju? – Wann willst du fernsehen?

televizijska serija – TV Serie

Moja omiljena televizijska serija je na programu ujutro. – Meine Lieblingsserie ist im Morgenprogramm.

tenis – Tennis

Kada obično igraš tenis? – Wann spielst du Tennis normalerweise?

teško – schwer, schwierig

Tvoja tašna je prilično teška. – Deine Tasche ist ziemlich schwer.

Matematika uopšte nije teška. – Matemathik ist überhaupt nicht schwierig.

ti – du; dir

Anita, ti si veoma simpatična. – Anita, du bist sehr symphatisch.

Ja ti kažem da trebamo sad da idemo. – Ich sage dir, wir sollen jetzt gehen.

tip – Typ

On? Ne, on nije moj tip. – Er? Nein, er ist nicht mein Typ.

tipično – typisch

To je tipično za njega. – Das ist typisch für ihn.

to – das

To je odlična vest. (vest – feminin) – Das ist eine ausgezeichnete Nachricht.

točeno pivo – Bier vom Fass

Želite pivo u boci ili točeno pivo? – Wollen Sie/Wollt ihr Flaschenbier oder Bier vom Fass?

topao, topla, toplo (m/f/n) – warm

Tvoja jakna je veoma topla, zar ne? – Deine Jacke ist sehr warm, nicht wahr?

torta – Torte

Tvoja torta je veoma ukusna. – Deine Torte ist sehr lecker.

trafika – Trafik

Idem u trafiku po novine. – Ich gehe zur Trafik, um Zeitung zu kaufen.

tramvajem – mit der Straßenbahn

Idemo do bioskopa tramvajem. – Wir gehen zum Kino mit der Straßenbahn.

tramvajska stanica – Straßenbahnstation

Molim vas, znate li gde je tramvajska stanica? – Verzeihen Sie, wissen Sie wo die Straßenbahnstation ist?

tražiti, ja tražim – *suchen*

Šta tražiš? – Was suchst du?

trebati, ja trebam – brauchen; sollen

Šta trebamo za izlet? – Was brauchen wir für den Ausflug?

Mi trebamo da idemo. – Wir sollen gehen.

trening – Training

Kada imaš trening? – Wann hast du das Training?

turist (oder: **turista**) – Tourist

Ja nisam turist, ja živim ovde. – Ich bin kein Tourist, ich lebe hier.

tuširati se, ja se tuširam – duschen

Idem da se tuširam. – Ich gehe duschen.

U

u – in; zu

U pošti nema mnogo ljudi. – Auf dem Postamt sind nicht viele Leute.

Kada ideš u Beograd? – Wann fährst du nach Belgrad?

u – um; **u pet sati / časova** – um 5 Uhr

Vidimo se sutra u pet sati / u pet časova. – Wir sehen uns morgen um 5 Uhr.

U koliko sati? = U koliko časova? – Um wie viel Uhr?

U redu. – In Ordnung.

učiteljica – Lehrerin

Njena učiteljica je bolesna. – Ihre Lerherin ist krank.

učiti, ja učim – lernen

Da li učiš za vikend? – Lernst du am Wochenende?

udana (f) – verheiratet (Frau)

Ona nije udana. – Sie ist nicht verheiratet.

ukusan, ukusna, ukusno (m/f/n) – schmackhaft

Kako je kolač ukusan! – Wie schmackhaft der Kuchen ist!

ulica – Straße

Ne mogu da nađem tvoju ulicu. – Ich kann deine Straße nicht finden.

univerzitet – Universität

Vidimo se na univerzitetu! – Wir sehen uns an der Uni!

uveče = **naveče** – am Abend

Kuda idemo uveče? – Wohin gehen wir am Abend?

uvek – immer

Ne pijem uvek kafu, ponekad pijem čaj. – Ich trinke nicht immer den Kaffee, machmal trinke ich einen Tee.

V

valjda – (*Betontungswort*) ja, aber; wahrscheinlich

Ne misliš valjda da sada idemo? – Du willst doch nicht, dass wir jetzt gehen?

To je valjda njena tašna. – Das ist wahrscheinlich ihre Tasche.

vam – Ihnen

Želim da vam čestitam! – Ich möchte Ihnen gratulieren!

van – (*wohin*) aus, raus, auswärts; **vani** – (*wo*) draußen

Mi idemo van, u prirodu. – Wir gehen raus, in die Natur.

Mi smo vani, u prirodi. – Wir sind draußen, in der Natur.

Vergleiche!

napolje – (*wohin*) aus, raus, außwärts; **napolju** – (*wo*) draußen

Idemo napolje da se šetamo. – Wir gehen hinaus spazieren.

Marko je napolju s decom. – Marko ist draußen mit den Kindern.

Važi! (*umgs.*) – Ok! Geht in Ordnung!

večera – Abendessen

Kada je večera? – Wann ist das Abendessen?

večeras – heute Abend

Večeras idemo u restoran, zar ne? – Heute Abend gehen wir ins Restaurant, nicht wahr?

večerati, ja večeram – Abend essen

Ja nikad ne večeram. – Ich esse am Abend nie.

već – schon; seit

Ah, već je noć! – Ach, es ist schon die Nacht!

Ja živim u Beogradu već deset godina. – Ich lebe in Belgrad schon seit 10 Jahre.

veći, veća, veće (m/f/n) – größer

Molim veću jabuku! – Ich möchte einen größeren Apfel!

vegetarijanka – Vegetarierin

Moja komšinica je vegetarijanka. – Meine Nachbarin ist Vegetarierin.

veoma – sehr

Vetar duva veoma jako. – Der Wind bläst sehr stark.

On je veoma dobro. – Ihm geht es sehr gut.

verovatno – wahrscheinlich

On verovatno ne zna tvoju adresu. – Er kennt deine Adresse wahscheinlich nicht.

vest (f) – Nachricht

Imam dobru vest! – Ich habe eine gute Nachricht!

vežba – Übung

Vežba je lagana. – Die Übung ist leicht.

vežbati, ja vežbam – üben

Mi vežbamo svaki dan. – Wir üben jeden Tag.

vic (pl. **vicevi**) – Witz

Hoćeš da ti ispričam vic? – Soll ich dir einen Witz erzählen?

videti se, ja se vidim – sich sehen

Kada se vidimo? – Wann sehen wir uns?

Vidimo se! – Wir sehen uns!

Vidiš! – Siehst du!

Vidite! – Sehen Sie! Seht ihr!

viski – Whisky

Ja ne pijem viski. – Ich trinke kein Whisky.

visok, visoka, visoko (m/f/n) – groß (*Höhe*)

Tvoja devojka je veoma visoka. – Deine Freundin ist sehr groß.

Drvo ispred njegove kuće je visoko. – Der Baum vor seinem Haus ist groß.

Vergleiche!

velik, velika, veliko (m/f/n) – groß

Tvoj novi auto je velik. – Dein neues Auto ist groß.

voda – Wasser

Mogu dobiti i vodu uz kafu? – Kann ich auch Wasser zum Kaffee bekommen?

voditi, ja vodim – führen; **voditi decu u obdanište** – Kinder in den

Kindergarten bringen

Ko vodi danas decu u obdanište? – Wer bringt die Kinder heute in den Kindergarten?

Ti ih vodiš, ja idem po njih. – Du brigst sie dorthin, ich hole sie ab.

voleti, ja volim – lieben; etwas gern haben oder tun

Da li voliš Helmuta? – Liebst du Helmut?

Voliš li da ideš u operu? – Gehst du gern in die Oper?

volja – Wille; **dobra volja** – guter Wille

To je njegova dobra volja da li želi da ide s nama. – Das ist sein guter Wille, ob er mit uns gehen will.

vozač – Fahrer; **vozač autobusa** – Busfahrer

Vozač autobusa je veoma ljubazan. – Der Busfahrer ist sehr nett.

vreme – Zeit; Wetter

Danas nemam vremena. – Heute habe ich keine Zeit.

Kakvo je vreme danas? – Wie ist das Wetter heute?

Z

za – für; nach; am

Za tebe imam uvek vremena. – Für dich habe ich immer Zeit.

Idemo sutra za Smederevo? – Fahren wir morgen nach Smederevo?

Sedim za kompjuterom i pišem ti mejl. – Ich sitze am Computer und schreibe dir eine Mail.

zabava – Spaß; **iz zabave** – aus Spaß, zum Spaß

Ja volim da igram karte iz zabave. – Ich mag Karten aus Spaß spielen.

zabavan, zabavna, zabavno (m/f/n) – amüsant

Tvoj brat je veoma zabavan. – Dein Bruder ist sehr amüsant.

začin – Gewürz

Treba da kupimo začine. – Wir sollen Gewürze kaufen.

zadnji, zadnja, zadnje (m/f/n) – letzter, letzte, letztes

Ja nisam zadnji u redu. – Ich bin nicht der letzte in der Reihe.

zaista – wirklich

On je zaista bezobrazan. – Er ist wirklich frech.

zajednički, zajednička, zajedničko (m/f/n) – gemeinsam

Dejan je njihovo zajedničko dete. – Dejan ist ihr gemeinsames Kind.

zajedno – zusammen

Možemo zajedno zubaru. – Wir können zusammen zum Zahnarzt.

zar ne – nicht wahr

Voliš me, zar ne? – Du liebst mich, nicht wahr?

zasada – vorerst

Ja sam zasada zadovoljna. – Ich bin vorerst zufrieden.

zašto – warum

Zašto su deca napolju? – Warum sind die Kinder draußen?

zato – darum, deswegen (*Folge*); **zato što = jer** – weil (*Ursache*)

Vreme je sada lepo i zato idemo napolje. – Das Wetter ist jetzt schön und deswegn gehen wir aus. (Folge)

Mi jedemo jer smo veoma gladni. – Wir essen, weil wir sehr hungrig sind. (Ursache)

Zdravo! – Hallo!

zeleni čaj – grüner Tee

Ja ne pijem zeleni čaj. – Ich trinke keinen grünen Tee.

zgodan, zgodna, zgodno (m/f/n) – hübsch

Njegova devojka je baš zgodna. – Seine Freundin ist wirklich hübsch.

zima – Winter

Kada dolazi zima? – Wann kommt der Winter?

značiti, ja značim – bedeuten

Šta to znači? – Was bedeutet das?

Znate ... – Wissen Sie ...

znati, ja znam – wissen; können; kennen

Ja znam njegovu adresu napamet. – Ich weiß seine Adresse auswendig.

Ja znam srpski. – Ich kann Serbisch.

Ja znam Dejana, on je moj komšija. – Ich kenne Dejan, er ist mein Nachbar.

zove se – er/sie heißt; inf. **zvati se, ja se zovem** – heißen

Ja se ne zovem Leo. – Ich heiße nicht Leo.

Ž

Žao mi je. – Es tut mir leid.

želeti, ja želim – möchten, wünschen

Šta želiš da jedeš? – Was möchtest du essen?

želja – Wunsch

Imaš li želja? – Hast du Wünsche?

žena – Frau; Ehefrau

Ova žena iza pulta je moja komšinica. – Diese Frau hinter der Theke ist meine Nachbarin.

Moja žena je direktorica. – Meine Ehefrau ist Direktorin.

živeti, ja živim – leben

Ja živim ceo život u Beogradu. – Ich lebe mein ganzes Leben lang in Belgrad.

žmurka – Verstecken (*Kinderspiel*)

Deca igraju žmurke u dvorištu. – Die Kinder spielen Verstecken im Haushof.

žurka (*umgs.*) – Party

U subotu je žurka kod Marka. – Am Samstag findet die Party bei Marko statt.

Serbisch lernen

Stand August 2023

Sprachstufe A1

Snežana Stefanović: IDEMO DALJE 1 – Lesebuch

Taschenbuch, E-Book, Hörbuch, interaktives E-Book mit Hörtexten

Snežana Stefanović: Vokabeltrainer A1 zum Buch IDEMO DALJE 1 - lateinische Schrift

Taschenbuch & E-Book

Snežana Stefanović: Vokabeltrainer A1 zum Buch IDEMO DALJE 1 - kyrillische Schrift

Taschenbuch & E-Book

Snežana Stefanović: SERBISCH: Einfache Sätze 1

Taschenbuch, E-Book, Hörbuch, interaktives E-Book mit Hörtexten

Snežana Stefanović: SERBISCH: Einfache Sätze 2

Taschenbuch, E-Book, Hörbuch, interaktives E-Book mit Hörtexten

Snežana Stefanović: Trifun i mali fudbaleri – Kurzgeschichte

Taschenbuch & E-Book

Snežana Stefanović: IDEMO DALJE 2 - Lesebuch

Taschenbuch, E-Book, Hörbuch, interaktives E-Book mit Hörtexten

Snežana Stefanović: Serbisch Kyrillisch lernen

Taschenbuch & E-Book

Snežana Stefanović: Kleiner Reisewortschatz

E-Book

Sprachstufe A2

Snežana Stefanović: IDEMO DALJE 3 – Lesebuch

Taschenbuch & E-Book

Snežana Stefanović: SERBISCH Witze und Anekdoten 1. Teil

Taschenbuch & E-Book

Snežana Stefanović: SERBISCH Witze und Anekdoten 2. Teil

Taschenbuch & E-Book

Sprachstufe A2 – B1

Snežana Stefanović: IDEMO DALJE 4 – Lesebuch

Taschenbuch & E-Book

Sprachstufe C1

Snežana Stefanović: Vreme – Zeit, Wetter – Kurzgeschichten

Taschenbuch & E-Book

Besuchen Sie unsere Webseite

www.serbisch-lernen.com

und erfahren Sie mehr über die Serie „Serbisch lernen“ sowie über fortlaufende Veröffentlichung neuer Bücher

https://www.serbisch-lernen.com

ISBN: 978-3757953447

FSC
www.fsc.org
MIX
Papier | Fördert gute Waldnutzung
FSC® C083411

Zeitfracht Medien GmbH
Ferdinand-Jühlke-Straße 7
99095 Erfurt, Deutschland
produktsicherheit@kolibri360.de